CATALOGUE

D'ESTAMPES ANCIENNES

ET

DESSINS

De l'École hollandaise

EAUX-FORTES MODERNES

COMPOSANT LA COLLECTION

De feu M. NEVILLE D. GOLDSMID de la Haye

DONT LA VENTE AUX ENCHÈRES AURA LIEU

HOTEL DROUOT, SALLE N° 6

Au premier étage

Les Mardi 25, Mercredi 26 et Jeudi 27 Avril 1876

À UNE HEURE ET DEMIE PRÉCISE

Par le ministère de M° **CHARLES PILLET**, Commissaire-Priseur,
10, rue de la Grange-Batelière,

Assisté de M. **CLEMENT**, Marchand d'Estampes de la Bibliothèque Nationale,
3, rue des Saints-Pères.

EXPOSITION PUBLIQUE, le Lundi 24 Avril 1876,

DE DEUX HEURES A CINQ HEURES.

PARIS — 1876

CONDITIONS DE LA VENTE.

Elle sera faite au comptant.

Les adjudicataires payeront *cinq pour cent* en sus des enchères.

Les attributions de l'amateur ont été conservées pour les dessins.

Les lots pourront être divisés ou réunis.

ORDRE DES VACATIONS

Le Mardi	25 Avril.	Estampes	....	192 à 400
Le Mercredi	26 —	—	....	401 à la fin.
Le Jeudi	27 —	Dessins	....	1 à 191

Paris. — Imp. Pillet fils aîné, 5, rue des Grands-Augustins.

DÉSIGNATION

DESSINS

AGRICOLA.

1. Un marin pêcheur. A la gouache. Collection de Kat.

ASSELYN (J.).

2. Bâtiments en ruines , paysage. Trois dessins à l'encre d Chine. Collections Leembruggen, Jolles et de Kat.

AVERCAMP et P. Van den AVONT.

3. Paysans au repos. — L'enlèvement de Ganymède. Deux dessins à la plume et au crayon noir; le dernier provient de la collection Bagelaar.

BAKHUIZEN (L.).

4. Marines. Six dessins à l'encre de Chine et au bistre. Collections Sybouts, Leembruggen et de Kat.

BATTUM (G. VAN).

5: Une cascade. A la pierre noire légèrement colorié. Collections Sybouts et Leembruggen.

BEGA (C.).

6. Paysanne assise sur une chaise. A la sanguine.

BEGEYN (ABRAHAM).

7. Un homme et une femme à cheval au bord d'une rivière. A l'encre de Chine. Collection de Kat.

BERGEN (DIRK VAN).

8. Du bétail au repos dans un paysage. A l'encre de Chine. Collection de Kat.

BERGHEM (NICOLAS).

9. La fileuse. Elle est debout, tournée à gauche; près d'elle, une vache couchée, une chèvre et un âne vu de profil; à gauche, trois vaches et une chèvre dans une mare d'eau; au premier plan, un chien qui boit. Superbe dessin à la plume et au bistre. Collections Claussin et de Kat; gravé par Ploos van Amstel.

10. Le retour des champs. Une femme montée sur un âne et entourée de vaches, chèvres et moutons; vers la gauche, un âne et un paysan qui le frappe; dans le fond, la vue d'un château. Superbe dessin à la plume et au bistre. Collection de Kat; fait pendant au précédent.

11. Dans un chemin bordé de rochers, des mendiants demandent l'aumône à un homme à cheval. A l'encre de Chine. Collections Hoofdman et Leembruggen.

12. Les deux bergers causant près de leur troupeau. — Les bergers au repos. Deux dessins au crayon noir. Collection de Kat.

13. Des paysans avec leur troupeau, au bord d'une rivière. A l'encre de Chine. Signé et daté au haut de la droite.

BERGHEM (Nicolas).

14. Dans un paysage montagneux, des paysans conduisent un troupeau de bœufs et de moutons. A la pierre noire et à l'encre de Chine. Collection Blokhuyzen.

15. Le ruisseau traversé. Au crayon noir, sur parchemin. Ce dessin, signé au bas de la droite, a été gravé par le maître. Collection de Kat.

BERCKHEYDEN (G.).

16. Eglise et maison des orphelins à Enkhuyzen. — Vue à Cologne. — Intérieur d'un couvent à Aix-la-Chapelle. — Vue sur le Saayhal à Amsterdam. Quatre dessins à l'encre de Chine. Collections Rueb, Leembruggen et autres.

17. Vue sur le Rokin à Amsterdam. A l'encre de Chine. Collection Rueb.

BISSCHOP (Jan de).

18. Sainte famille, d'après Sébastianus. — Le centenier, d'après Véronèse. — Six études de chevaux, d'après P. de Laer. Trois dessins au bistre. Collections de Kat et Leembruggen.

BISCHOP (Cornelis).

19. Vue près de Couckerk. — Sur les remparts de la ville. Deux dessins au bistre. Collection Van Pallandt.

BLOEMAERT (Abraham).

20. Paysage. — Vue de village. — L'adoration de la Vierge. Trois dessins au bistre, à l'aquarelle et à la sanguine. Collections Leembruggen et Bagelaar.

BLOEMEN (Pieter van).

21. Etudes de vaches. — Une vache debout. — Un mulet. — Un cavalier. Cinq dessins à l'encre de Chine et à la sanguine. Collection Leembruggen.

BLIJHOOFT (Zacharias).

22. Paysage montagneux. — Le jeu de boules sur la glace. Deux dessins à l'aquarelle et au bistre. Collection de Kat.

BOTH (André).

23. Le goût. Composition en forme de rise, au bistre. Collection de Kat.

BOTH (Jan).

4. Paysages en Italie. Deux dessins à la plume et au bistre.

BOUT (Pieter).

25. Le Christ, entouré d'une grande foule, prêche au bord de la mer. Beau dessin à l'encre de Chine. Collection de Kat.

26. Les joueurs de cartes. — L'abreuvoir. Deux dessins à l'encre de Chine.

BRAY (Salomon de).

27. L'adoration des mages. — Les disciples d'Emmaüs. Dessins à l'encre de Chine. Collection de Kat.

BRAY (Jacob de).

28. Un garçon tenant un miroir devant une jeune fille. — Jeune fille vue de profil. Deux dessins au crayon noir et à la sanguine. Collections Ploos van Amstel et de Kat.

BREENBERGH (Bartholomeus).

29. Un paysage. — Moulin à eau. — Près du bois de Brocciano. Trois dessins à l'encre de Chine et au bistre. Collections Goll, Leembruggen et de Kat.

BREUGHEL (PIETER).

30. Amusements d'hiver. Deux dessins au bistre. Collections de Vos et Leembruggen.

BRONKHORST (J.).

31. Des oiseaux dans un paysage. — Différents oiseaux. Deux dessins à l'aquarelle. Collections Rueb et de Kat.

BUITENWEG (WILLEM).

32. Les tailleurs de pierre. A l'encre de Chine. Collection Bagelaar.

CAPELLE (JAN VAN DE).

33. Différents bateaux dans un port. A l'encre de Chine. Collection Leembruggen.

CATS (JACOB).

34. La moisson. Beau dessin à l'encre de Chine. Collection de Kat.

CLOTZ (VALENTYN).

35. La ville de Grave, 1676. — La ville de Grave après le bombardement, 1675. Deux dessins à l'aquarelle.

CORRÉGE (ANTONIO ALLEGRI, dit le).

36. Un enfant jouant avec des fruits. A la sanguine. Collection Leembruggen.

CUYP (ALBERT).

37. Vue d'une rivière. A l'encre de Chine et au bistre. Collections Sybouts et Leembruggen.

38. Paysage. — Homme à cheval. Deux dessins à la pierre noire et à l'encre de Chine.

DALENS (DIRK).

39. Paysage entrecoupé d'une cascade. —Le groupe d'arbres.
— Paysage boisé. — Bâtiments en ruines. Cinq dessins
à l'encre de Chine. Collections Leembruggen, de Kat et
autres.

DIEPENBEEK (A. VAN).

40. Saint Simon et Saint Jacques le Majeur. Deux dessins au
bistre, montés sur une même feuille.

DIETZ (J.-A.).

41. Paysages montagneux. Deux dessins au crayon noir.

DOES (JACOB VAN DER).

42. Un garçon assis près de quatre moutons et une fille qui
trait une chèvre, sous de grands arbres. Beau dessin
au bistre, signé au bas de la gauche. Collections Verstolk
et Leembruggen.

43. Un troupeau de moutons et des chèvres se reposent près
d'une fontaine, où se trouvent trois personnes avec un
âne. Beau dessin au bistre. Collections de Vos et de
Kat.

44. Paysage italien. A l'encre de Chine. Collection Leembruggen.

DOES (SIMON VAN DER).

45. Des vaches et des moutons près d'une ferme. Au bistre et
à l'aquarelle. Collection de Kat.

DOUDYNS (WILLEM).

46. Etude de pommes. Peint à l'huile. Collection Bagelaar.

DUJARDIN (KAREL).

47. Des mulets. A la sanguine. Collection Leembruggen.
— Etude d'âne. Peinture à l'huile, sur toile.

DURER (Albert).

48. L'enfant prodigue. — Sangliers assaillis par des chiens. Deux dessins à la plume et à l'encre de Chine. Collections Bagelaar et Leembruggen.

DUSART (Cornelis).

49. Devant une auberge de village, des paysans s'amusent à jouer aux quilles, à boire et à chanter. Grand et beau dessin à l'encre de Chine. Collections Sybouts et Leembruggen.

50. Un buveur assis. — Le patineur. Deux dessins à la pierre noire, à la sanguine et à l'encre de Chine.

DYCK (Ant. van).

51. Portrait de Sébastien Vrancx. Beau dessin à la pierre noire. Collection de Kat.

52. Portrait de Lucas Vorsterman. Beau dessin au crayon noir, rehaussé de blanc.

53. Etude d'un cheval. A la plume. Collection Leembruggen.

EECKHOUT (Gerbrand van den).

54. Tête orientale. — Femme agenouillée. Deux dessins au bistre. Collections Hoofdman et Leembruggen.

ESSELENS (Jacob).

55. La pêche. A l'encre de Chine.

EVERDINGEN (A. van).

56. Vues de villages. Deux dessins à l'encre de Chine montés sur une même feuille. Collection de Kat.

57. Paysage en Norwége. — Paysage en Suisse. Deux dessins à la plume et à l'encre de Chine. Collection Rueb.

LA FARGUE (Paul-Constantin).

58. Cortége funèbre. A l'encre de Chine. Collection Pieneman.

PLINK (Govert).

59. Un homme assis tenant de la main gauche son chapeau.— Etude d'homme. Deux dessins au crayon noir, rehaussé de blanc. Collections Leembruggen et Bagelaar.

FOKKE (Simon).

60. Les deux muletiers, d'après le n° 20 des eaux-fortes de K. Dujardin. A l'encré de Chine.

GAAL (Barent).

61. Marché aux chevaux. A l'encre de Chine. Collection de Kat.

GELDER (Arent.).

62. Sujets de la Bible. Deux dessins à l'encre de Chine et au bistre. Collection Bagelaar.

GENŒLS (Abraham).

63. Agar. — Le dessinateur. Deux dessins à l'aquarelle et au bistre. Le dernier a été gravé à l'eau-forte par le maître. Décrit sous le n° 54 de Bartsch.

GHEYN (J. de).

64. L'incendie de Troie. A l'encre de Chine. Collection de Kat.

GIESE (J.).

65. Paysages montagneux. Deux dessins à la gouache.

GLAUBER (J.).

66. Paysage avec des ruines et une pyramide. A l'encre de Chine. Collections Feitama et Muilman.

GOLTZIUS (H.).

67. Vénus. — Cérès. Deux dessins au crayon noir et à la sanguine.

GOYEN (J.-J. VAN).

68. Marché au poisson. — Ruine au bord d'une rivière. Deux dessins à l'encre de Chine. Collection de Kat.

69. Vue de rivière. — Vue de village. — Marine, environs de Harlem. Trois dessins à l'encre de Chine, à la pierre noire et au bistre. Collection de Kat et Blokhuizen.

HACKAERT (JAN VAN).

70. Vue à Montigny, en Suisse. — Vue en Suisse. Deux dessins au bistre. Collections Goll et Leembruggen.

71. Paysage avec torrent au bord d'un lac. A la plume et à l'encre de Chine. Collections Muller et Leembruggen.

HAGEN (JAN VAN DER).

72. Vues de Clèves. Deux dessins à l'encre de Chine. Collection de Kat.

73. Paysage montagneux. A l'encre de Chine. Collection Ploos Van Amstel et de Kat.

74. Paysage boisé. A l'encre de Chine. Collection de Kat.

HEEMSKERK (M. VAN).

75. La Vierge avec l'enfant Jésus. A la plume et au bistre. Collection Bagelaar.

HELST (B. VAN DER).

76. Portrait d'un amiral. A la pierre noire, rehaussé de blanc. Collection de Kat.

HEUSCH (G. DE).

77. Vue du Ponte Mole, près de Rome. A l'encre de Chine. Collection de Kat.

HOBBEMA (MEINDERT).

78. Blanchisserie près d'Harlem. A la pierre noire, rehaussé de blanc, sur papier bleu. Collection Leembruggen.

HOET (GÉRARD).

79. La consécration d'Aaron et ses fils. A l'encre de Chine. Collection de Kat.

HONTHORST (GÉRARD).

80. Tête d'étude. A l'encre de Chine. Collection Leembruggen.

HOOGHE (R. DE).

81. Projet de fontaine. Au bistre. Collection Bagelaar.

HOUBRAKEN (ARNOLD).

82. Sujet tiré des Métamorphoses d'Ovide. — Bacchanale. Deux dessins à l'encre de Chine.

HUGTENBURCH (J.).

83. Dans un parc, un écuyer tient par la bride deux chevaux qui se battent. A la sanguine. Collection de Kat.

HUYSUM (JAN VAN).

84. Élégante composition de fleurs dans un vase. Aquarelle à l'huile. Collection de Kat.

85. Composition de fleurs dans un vase en terre cuite. A la pierre noire. Collection Rueb.

86. Pièce de fruits. Aquarelle.

87. Bouquet de fleurs dans un vase. A la pierre noire et à l'encre de Chine.

88. Bouquet de fleurs dans un vase. Aquarelle.

89. Hommage à J. V. Huysum. Très-joli dessin à l'aquarelle, par J.-H. Muntz.

INCONNUS.

90. Un maréchal-ferrant. Grand dessin à l'encre de Chine.

91. La mort d'un saint. Au bistre.

92. La fête de village. A l'encre de Chine.

93. Un saint évêque. A la plume et au bistre.

94. Tête d'homme à bonnet fourré. — Jeune garçon couché. — Tête d'un jeune homme homme. — Sujet religieux. Quatre dessins à la mine de plomb, à la pierre noire et à la plume.

JORDAENS (J.).

95. Tête d'un Silène. A la sanguine. Collection Hodshon.

96. Marche de figures de femmes et de Silène. Au crayon noir et au bistre.

97. Sujet mythologique. Très-beau dessin en largeur, à l'aquarelle.

KONING (Ph. de).

98. Deux dessins montés sur une même feuille. A l'encre de Chine.

LAAR (Pieter de).

99. Étude de bergers. A la pierre noire, rehaussé de blanc, sur papier bleu. Collection de Kat.

LAIRESSE (Gerard de).

100. Titre pour la collection des antiques de Gérard Reyns!.
— La Renommée. Deux dessins au bistre et à la sanguine.

LELY (P.).

101. Tête d'étude d'un jeune garçon. A la pierre noire, rehaussé de blanc, sur papier bleu. Collection Bagelaar.

LEEUW (P. van der).

102. Une vache à lait. A la sanguine. Collection Blokhuyzen.

LIENDER (Paulus van).

103. Vue d'un parc. A l'encre de Chine et au bistre.

LINGELBACH (J.).

104. Port de mer italien, peint à l'huile.

LIVENS (Jan).

105. Un bois de haute futaie. — Paysage entrecoupé d'une rivière. — Portrait d'homme. Trois dessins à la plume et au bistre. Collections Verstolk, Leembruggen et Bagelaar.

LOUYS (Jan).

106. Étude académique. A la pierre noire. Collection Bagelaar.

LUIKEN (Jan).

107. Le mont Sinaï. — L'entrée à Jérusalem. Deux grandes compositions au bistre et à l'encre de Chine. Collection de Kat.

108. Persécutions des protestants en France. Deux dessins à la plume et encre de Chine. Collection de Kat.

109. Sujets religieux et autres. Dix dessins à la plume et encre de Chine. Collection de Kat.

MAAS (Dirk).

110. Étude de cavaliers. A la plume et encre de Chine.
Collection Leembruggen.

MAAS (Nicolas).

111. Garçon dormant. — Jeune homme assis en prière.
Deux dessins aux deux crayons et à la sanguine. Collection Leembruggen.

MATHAM (J.-A.).

112. Danaë. — Buste d'un jeune homme. Deux dessins aux
deux crayons. Collection Bagelaar.

MERIAN (M.-J.).

113. Fleurs et papillons. A l'aquarelle. Collection de Kat.

METZU.

114. Garçon assis devant une table. A la sanguine. Collection Bagelaar.

VANDER MEULEN (A.-F.).

115. Deux cavaliers. A la plume et au bistre.

MIERIS (Frans van).

116. Portrait d'homme. Au bistre. Ce dessin a été lithographié.

MIERIS (W. van).

117. Une femme nue dormant au pied d'un arbre. — Portrait de femme en costume de chasse. Deux dessins à
l'encre de Chine et à la pierre noire. Collections Sybouts et Leembruggen.

118. Le jugement de Pâris. — La mort d'Adonis. Deux dessins à la pierre noire, signés et datés. Collections Goll
et Van Franckenstein.

MOLYN (P. DE).

119. Paysage montagneux. — Paysage entrecoupé d'un chemin. Deux dessins à la plume, au bistre et encre de Chine, signés et datés 1658 et 1659. Collection de Kat.

120. Paysages. Quatre dessins à la pierre noire, signés. Collections de Kat et Blokhuyzen.

MOUCHERON (Frédéric de).

121. Paysage. A l'encre de Chine. Collection Rueb.

122. Paysage entrecoupé d'un sentier. Au bistre et à l'encre de Chine.

MOUCHERON (Isaak de).

123. Vue de Tivoli. — Le Temple des Sybilles et les Cascatelles à Tivoli. Deux dessins à l'encre de Chine. Collection de Kat.

124. Paysage en Italie, d'après le Poussin. — Paysage en Arcadie. Deux dessins à l'aquarelle. Collection de Kat.

125. Paysage en hauteur. — L'intérieur d'un jardin romain. Deux dessins à la plume, à l'encre de Chine et au bistre.

MOYAERT (Nicolaas).

126. Vue de Rome. — Paysage. Deux ssins à l'encre de Chine et au bistre.

127. Les frères de Joseph le voulant mettre dans le puits. — Joseph retiré du puits. Deux dessins à l'encre de Chine.

NETSCHER (Gaspard).

128. Portraits des enfants de M^ss Voshol, née Aersen, à la Haye. A l'encre de Chine, sur papier bleu.

NYMEGEN (Dionys van).

129. Tête d'étude aux trois crayons. Collection Rueb.

OSTADE (Adrien van).

130. Les remparts d'une ville. — Maison rustique avec un escalier. Deux dessins à la plume et à l'encre de Chine.

131. Paysan debout, tenant une cruche. A la pierre noire, sur papier bleue.

OSTADE (Isaac van).

132. Une treille devant une ferme. — Une étable. Deux dessins à la pierre noire et à l'aquarelle. Collections Lembruggen et Rueb.

PARMESAN (F. Mazzuoli, dit le).

133. Un apôtre. — Etude d'après l'antique. Deux dessins à la sanguine. Collections Richardson fils et Bagelaar.

POUSSIN (Nicolas).

134. Sujet profane. Beau dessin à la plume et à l'encre de Chine.

PYNACKER (Adam).

135. Paysage avec une rivière.—Paysage en Arcadie.—Grotte avec des nymphes. Trois dessins à l'encre de Chine, à la gouache et à la sanguine. Collections de Kat, Rueb et Bagelaar.

QUAST (Pieter).

136. Un chirurgien. A la mine de plomb.

REMBRANDT (P. van Rhyn).

137. Portrait de Rembrandt. A la plume et au bistre, signé vers le milieu de la gauche.

138. Le départ du jeune Tobie. A la plume. Collection Bagelaar.

2

REMBRANDT (P. VAN REYN).

139. David et Goliath. A la plume et au bistre. Collection sir J. Reynolds.

140. La faiseuse de Kouks. Beau dessin au bistre. Collections de Vindé, Dimsdale, Th. Lawrence et W. Esdaile.

141. Paysage. A l'encre de Chine. Collection Bagelaar.

RIBERA (G., dit L'ESPAGNOLET).

142. Tête d'homme. A la sanguine. Collection Leembruggen.

ROGHMAN (R.).

143. Vue de village. — Paysage d'hiver avec un divertissement sur la glace. Deux dessins à la plume et à l'encre de Chine.

ROMEYN (W.).

144. Du Bétail se reposant près d'un bâtiment en ruine. A l'encre de Chine. Collection de Kat.

145. Un taureau. A la pierre noire, sur papier bleu. Collection Lembruggen.

ROOS (J.-H.).

146. Paysan et paysanne entourés de leur troupeau. A la sanguine. — Monuments italiens. A la pierre noire. Deux dessins. Collection Blokhuyzen.

RUYSDAEL (JACQUES).

147. Vue à Harderwijk au-dessus des toits des maisons, on aperçoit les tours de l'église. — Vue des dunes, près de Wyk Aan Zee. Deux dessins à l'encre de Chine.

148. Vue du cimetière des juifs à Ouderkerke. Deux dessins à l'encre de Chine. Collections Ploos Van Amstel et Leembruggen.

SAFTLEVEN (CORNELIS).

149. Femme tenant un miroir.—Homme tenant une corde. Deux dessins à l'encre de Chine et aux deux crayons. Collection Bagelaar.

SAFTLEVEN (HERMAN).

150. Paysan tenant une cruche. A la pierre noire. Collection Blokhuyzen.

151. Ruine près d'Utrecht. — Canardière près de Jutfaas. Deux dessins à l'encre de Chine, avec écriture du maître au verso. Collection Blokhuyzen.

SALVIATI (FRANCESCO).

152. Marche triomphale. Dessin au bistre en forme de fri.e. Collection Pallandt.

SCHALKEN (G.).

153. Portrait d'une jeune femme. A l'encre de Chine. Collection Blokhuyzen.

SCHOUMAN (A.).

154. Une basse-cour à l'entrée d'un parc. Aquarelle.

155. Calao Renoceros, oiseau de l'île de Java. Aquarelle.

156. Une grive, chardonneret et serin.—Un chien basset. Deux dessins à l'aquarelle.

SCHUT (CORNELIS).

157. L'adoration des mages. A la plume et encre de Chine.

SNYDERS (FRANÇOIS).

158. Un chien défendant sa proie. A la plume.

159. Nature morte, avec un singe vers la gauche. A la plume et au bistre.

STEEN (Jan).

160. Homme habillé d'un costume à taillades et portant un manteau. A la pierre noire. Collection Leembruggen.

STORK (A.).

161. Vue d'Amsterdam. A l'encre de Chine.

TENIERS (David).

162. Une ferme. Au bistre. Collection Van Noort.

TERBURG (G.).

163. Un officier qui boit. — Homme debout. — Jeune homme assis. Trois dessins à la pierre noire, dont un rehaussé de blanc. Collections Leembruggen, Bagelaar et autres.

TOL (Dominicus van).

164. Une jeune fille assise prend son repas, éclairée par une chandelle. A la pierre noire, rehaussé de blanc, sur papier bleu. Collection de Kat.

TROOST (C.).

164 *bis*. Déclaration d'amour de René à Sarotte. Composition de deux figures. A la gouache. Ce dessin a été gravé par Punt et Tanjé.

164 *ter*. Propositions de mariage aux parents de Sarotte. Composition de quatre figures. A la gouache. Ce dessin a été gravé par Punt et Tanjé.

164 *quat*. René et Sarotte. Composition de deux figures. Effet de lumière. A la gouache.

UCHTERVELT (Jacob).

165. Tête de femme. A la sanguine. Collection Blockhuyzen.

UIL (Jan den).

166. Paysage avec carrosse. — Paysage avec un berger. Deux dessins au bistre.

ULIET (J.-G.).

167. La flagellation. A la pierre noire, rehaussé de blanc.
Collection Blokhuyzen.

ULFT (Jacob van der).

168. Vue de ville en Italie. — Vue de St-Jean de Latran, etc.
Trois dessins à l'encre de Chine et au bistre. Collection
de Kat.

UTRECHT (A. van).

169. Cygne mort. A la pierre noire, rehaussé de blanc, sur
papier bleu. Collection Bagelaar.

VELDE (W. van de).

170. Bataille navale. A la plume et encre de Chine. Collection Bagelaar.

171. Couple joyeux dans un paysage. — Château en ruine.
Deux dessins à l'aquarelle et à la plume.

VELDE (Adrian van de).

172. L'Ange apparaissant à Agar. — Tobie et l'Ange. — Agar
et l'Ange. Trois dessins à l'encre de Chine. Collection
de Kat.

173. Étude d'une vache couchée et veau debout. — Un le-
vrier. — Une vache qui pâture. — Étude d'un droma-
daire. Quatre dessins à l'encre de Chine, à la sanguine
et à la pierre noire.

VERBEECQ (P.).

174. Un garçon tenant un cheval par la bride. — Un homme
tenant un cheval. Deux dessins à l'encre de Chine et à
la mine de plomb. Collections de Kat et Blokhuyzen.

VERHEYDEN (M.).

175. Etude pour un portrait de femme. — Tête de chérubin.
Deux dessins à la sanguine.

VERKOLYE (J.).

176. Un ensevelissement, sujet historique, d'après G. de Lairesse. Grande composition sur trois feuilles séparées.
A l'encre de Chine. Collection de Kat.

VERSCHURING (H.).

177. Halte devant une auberge. A l'encre de Chine.

VISSCHER (C.).

178. Petit chien à long poil, assis. A la pierre d'Italie.

VLIEGER (Simon de).

179. Les remparts d'une ville. A l'encre de Chine. — Habi-
tation rustique. A la pierre noire, rehaussé de blanc.
Collections Pallandt et Verstolk.

180. Vue du Rhyn, avec des bateaux. — Une forêt près d'une
rivière. Deux dessins à l'encre de Chine. Collection
Leembruggen.

VOORHOUT (J.).

181. Sujets profanes. Deux dessins à la plume et au bistre.

VOS (M. de).

182. Le Christ en croix. A la plume et encre de Chine. Collection Van Pallandt et de Vos.

WAAL (Cornelis de).

183. Une galère. A la plume et au bistre. Collections Pallandt
et de Vos.

WATERLOO (ANT.).

184. Paysage boisé. — Le village Bahndorp, près de Hambourg. Deux dessins à la pierre noire et à l'encre de Chine.

WEENINX (J.-B.).

185. Nature morte. — Vache morte. Deux dessins à la pierre noire et à la sanguine.

WERFF (A. VAN DER).

186. Atalante. — Faune jouant de la flûte. — L'enlèvement de Daphné par Apollon. Trois dessins aux divers crayons et à la sanguine. Collection Bagelaar.

WITHOOS (P.).

187. Des papillons. Aquarelle.

WITT (JACOB DE).

188. Les saisons. — L'Abondance. — Tête de chérubin. — Tête de femme. — Esquisses pour un plafond. — Des enfants jouant près d'un terme. Sept dessins à l'aquarelle, à la sanguine, au bistre et aux divers crayons.

WOUWERMAN (PHILIPPUS).

189. Un homme assis par terre. — Étude d'homme. Deux dessins à la pierre noire, rehaussés de blanc. Collection Blokhuizen.

WYCK (THOMAS).

190. Ports de mer italiens. — Étude. Trois dessins à l'encre de Chine et à la pierre noire. Collections Jolles, Leembruggen et Bagelaar.

ZEEMAN (REINIER).

191. Une marine par un temps calme. A l'encre de Chine.

ESTAMPES ANCIENNES

ALDEGRAVER et ALMELOVEEN.

192. Deux pièces des Travaux d'Hercule (B. 87 et 96). — Différents paysages (B. 34-35 et 36). — Marine, par Backhuysen (B. 8). Six pièces.

ALMELOVEEN (JEAN).

193. Vues de villages hollandais, suite de douze estampes (B. 1-12). Très-belles épreuves avec marge.

194. Les quatre saisons. Suite de quatre estampes en losange (B. 13-16). Très-belles épreuves.

195. Différents paysages. Première suite de six estampes (B. 21-26). Très-belles épreuves, la dernière est avant le numéro.

AUDOIN (P.).

196. Jupiter et Antiope, d'après le Corrége. Très-belle épreuve.

BÉGA (CORNEILLE).

197. (Têtes et bustes, B. 2, 3, 4, 5, 6 et 7.) Six pièces. Très-belles épreuves. La dernière est du premier état, avant la bordure.

198. Sujets à une figure seule (B. 9, 10, 11, 12, 13, 14, 15, 16, 17, 18, 19 et 20). Treize pièces dont une double. Le n° 15 est du premier état. Très-belles épreuves.

199. La famille (B. 21). Rare épreuve du premier état. — Le paysan au dossier (B. 22). — L'Assemblée près de la cheminée (B. 23). — Les caresses mal reçues (B. 24). — Les deux amoureux (B. 25). — La danse (B. 26). — Le

chanteur (B. 27). — La mère (B. 28). — Les trois bu-
veurs (B. 29). —La mère et son mari (B. 30). Dix pièces.
Très-belles épreuves.

BÉGA (CORNEILLE).

200. La mère au cabaret (B. 31). Deux très-belles épreuves
dont une du premier état.

201. La vieille aubergiste (B. 32). — La jeune aubergiste
(B. 33). Deux pièces. Très-belles épreuves.

202. La jeune cabaretière caressée (B. 34). Très-belle épreuve
avec marge.

203. Le cabaret (B. 35). Très-belle épreuve du 1er état.

BEHAM (H.-S.).

204. Moïse et Aaron, 1526 (B. 8). — Lucrèce, 1519 (B. 78).
— L'empereur Trajan (B. 82). — Un triton et une
néréide (B. 87). — La Patience, 1540 (B. 138). — Le
porte-enseigne et le tambour (B. 199). — Les armoiries
au coq (B. 256). Sept pièces.

BERGHEM (NICOLAS).

205. La vache qui s'abreuve (B. 1). Belle épreuve.

206. La vache qui pisse (B. 2). Très-belle épreuve du 2e
état, avant l'adresse de F. de Witt.

207. La même estampe. Très-belle épreuve avec l'adresse.

208. Les trois vaches au repos (B. 3). Très-belle épreuve
avant le nom du maître; elle est doublée.

209. Le berger jouant du flageolet (B. 6). Très-belle épreuve
avec le numéro.

210. Les cinq sujets d'animaux en hauteur (B. 8, 12). Très-

belles épreuves du 3e état, avec les numéros et l'adresse
de F. de Witt sur le premier morceau et celle de P.
Goos sur le dernier.

BERGHEM (NICOLAS).

211. Le berger assis sur la fontaine (B. 8). Très-belle épreuve
du 2e état, avant l'adresse de F. de Witt, plus une
épreuve du 5e état, avec l'adresse de G. Van Keulen.
Deux pièces. Très-belles épreuves.

212. Le ruisseau traversé (B. 12). Très-rare épreuve du
2e état, avec le millésime 1655 et avant les montagnes
du fond à droite, plus une épreuve du 4e état, avec l'a-
dresse de P. Goos effacée. Deux pièces. Très-belles
épreuves.

213. Le ruisseau traversé (B. 12. a.). Pièce rare. Belle
épreuve.

214. Sujets d'animaux en largeur, et deux têtes de bouc
(B. 13, 18). Suite de six estampes. Belles épreuves.

215. Les vaches à la laitière (B. 23-28). Suite de six estampes. Très-belles épreuves du 2e état. Le n° 24 est
double, du 3e état. Sept pièces.

216. Le cahier à la femme, en six feuilles (B. 29-34). Très-
belles épreuves du 5e état.

217. Le cahier à l'homme, en six feuilles (B. 35-40). Très-
belles épreuves du 5e état.

218. Le cahier à la femme, en huit feuilles (B. 41-48). Très-
belles épreuves du 6e état.

219. Le cahier à la femme, en huit feuilles (B. 49-56).
Belles épreuves du 7e état.

BOEL (Pierre).

220. La chasse au sanglier (B. 7). Très-belle épreuve, du
2e état, avant l'adresse de Naudet.

BOL (F.).

221. La famille (B. 4). Très-belle épreuve.

222. La femme à la poire (B. 14). Très-belle épreuve.

BOTH (J.).

223. Le muletier (B. 6). Les deux vaches au bord de l'eau
(B. 8). Deux pièces. Très-belles épreuves avant le nom
du maître et le numéro.

224. Les quatre paysages en hauteur (B. 1-4). Bonnes épreuves du dernier état.

225. Le grand arbre (B. 3). Belle épreuve avec l'adresse de
Matham.

226. Les cinq sens. Suite de cinq estampes (B. 11-15). Très-
belles épreuves du 2e état, avant l'adresse de F. de
Witt, sur le premier morceau.

227. La même suite. Belles épreuves dont on ne peut consta-
ter l'état, les marges du bas étant coupées.

228. Les paysages en largeur. Suite de six estampes (B. 5-10).
Belles épreuves.

BREUGHEL (D'après).

229. La grande kermesse. Rare épreuve du 1er état; avant le
titre : la foire de notre village, écrit sur le ciel.

BRONCHORST et BRAMER.

230. Ruines de l'ancienne Rome (B. 12). — Musicien jouant
du luth. Deux pièces. Très-belles épreuves.

BYE (MARC DE).

231. Différents animaux. Quinze pièces tirées de différentes
suites. Très-belles épreuves.

232. Différents moutons. Suite de seize estampes (B. 79-94).
Très-belles épreuves.

CABEL (A. VAN DER).

233. Trente-six pièces de son œuvre, dont une non décrite
par Bartsch. Très-belles et anciennes épreuves.

CANALETTI (ANT.).

234. Vues de Venise. Deux pièces.

CUYP (ALBERT).

235. Etudes d'animaux. Suite de six pièces et un titre, gravées à l'eau-forte. Très-belles épreuves.

DIEPENBECK (A. VAN).

236. Le paysan et son âne. Très-belle épreuve d'une pièce
rare.

DUBOURG (L.-F.).

237. Paysages. Deux pièces gravées à l'eau-forte.

DUCQ (J. LE).

238. Différents chiens (B. 1-8). Superbes épreuves. Très-
rares.

239. Le chien et la chienne. Répétition du n° 3 de la suite
indiquée ci-dessus. Les fonds, l'arbre à côté de la maison à droite et en général tous les travaux sont différents. Le nom et l'année ne sont pas écrits de la même
manière. La bordure est plus fine et elle ne porte pas
de numéro. Pièce inconnue à Bartsch et à Weigel.

DUJARDIN (KAREL).

240. Paysages et animaux (B. 3, 4, 5, 12, 13, 17, 18, 30, 32, 34, 43, 44). Douze pièces. Très-belles épreuves avec les numéros.

241. Le champ de bataille (B. 28). Très-belle épreuve avant le numéro.

242. La paysanne dans l'eau (B. 27). Belle épreuve avant le numéro.

243. Le berger derrière l'arbre (B. 23). Belle épreuve avant le numéro, mais tachée d'huile.

244. Les quatre moutons (B. 14). Deux épreuves dont une avant le numéro. Très-belle épreuve.

DURER (ALBERT).

245. Jésus-Christ expirant sur la croix (B. 24). Très-belle épreuve ; manque de conservation.

246. La Vierge assise au pied d'une muraille (B. 40). Très-belle épreuve ; manque de conservation.

247. La sainte Famille au papillon (B. 44). Très-belle épreuve.

248. Saint Christophe à la tête retournée (B. 51). Belle épreuve.

249. Saint Jérôme dans sa cellule (B. 60). Belle épreuve.

250. L'oisiveté (B. 76). Bonne épreuve.

251. L'hôtesse et le cuisinier (B. 84). Les trois paysans (B. 86). Deux pièces. Belles épreuves.

252. L'assemblée des gens de guerre (B. 88). Belle épreuve.

253. Le seigneur et la dame (B. 94). Belle épreuve.

DURER (ALBERT).

254. Le petit cheval (B. 96). Superbe épreuve.

255. Le canon (B. 99). Très-belle épreuve.

256. Les armoiries à la tête de mort (B. 101). Bonne épreuve.

257. Albert de Mayence, vu de profil (B. 103). — Frédéric électeur de Saxe (B. 104). Deux pièces. Belles épreuves.

DU SART (CORNEILLE).

258. Les crieurs (B. 1). Deux épreuves dont une du 2ᵉ état avec le nom du maître, et l'autre du 3ᵉ, la planche coupée en ovale.

259. Les deux chanteurs (B. 3). Très-belle épreuve de la planche carrée.

260. Le couple ivre (B. 7). — Le baiser (B. 9). Deux pièces. Très-belles épreuves.

261. La ventouse (B. 12). — Le chirurgien de village (B. 13). — Le cordonnier renommé (B. 14). Trois pièces. Très-belles épreuves. La dernière est avec l'adresse effacée.

262. Le violon assis (B. 15). — La fête de village (B. 16). Deux pièces. Très-belles épreuves.

263. Le vieillard lisant (B. 17). — Le barbier (B. 18). Deux pièces gravées en manière noire. Superbes épreuves avec marge. Très-rares.

264. Le tabac présenté (B. 19). Superbe épreuve. Très-rare.

265. Octobre (B. 29). Très-belle épreuve.

266. La joie publique à l'occasion de la prise de Namur par Guillaume III roi d'Angleterre, le 2 septembre 1695. Suite de six estampes (B. 22-27). Très-belles épreuves.

267. Paysan tenant une pipe à la main (W. 55). — Paysanne avec la bouteille à l'eau-de-vie (W. 56). Deux pièces non décrites par Bartsch. Mʳ Weigel dans son

ouvrage les cite d'après le catalogue Marcus d'Amsterdam et les annonce comme presque uniques.

DU SART (D'après).

268. Le beau désir, gravé par J. Gole. Très-belle épreuve.

DYCK (Ant.).

269. Breugel (Jean), dit de velours. Très-belle épreuve avec marges tirée sur papier à la folie.

270. Erasme de Rotterdam. Belle épreuve.

271. Franck (Franciscus). Belle épreuve sur papier à la folie.

272. J. de Momper. — P. du Pont. — J. Snellinx. Trois portraits. Anciennes épreuves.

273. F. Snyders. — J. de Wael. — Le Christ couronné d'épines. Trois pièces. Anciennes épreuves.

FYT (J.).

274. Deux boucs dirigés vers la droite (B. 1). — Un chariot près d'un arbre (B. 6). Deux pièces d'une suite de huit. Très-belles épreuves du 1er état.

275. Les chiens. Suite de huit estampes (B. 6-17). Très-bonnes épreuves du 6e état.

GELLÉE (Claude, dit le Lorrain).

276. La fuite en Egypte (R. D. 1). — L'apparition (2). — Le passage du gué (3). Trois pièces. Très-belles épreuves.

277. La tempête (R. D. 5). Deux épreuves. — Le naufrage (7). Le dessinateur (9). Deux épreuves. — La danse sous les arbres (10). — Le port de mer au fanal (11). — Scène de brigands (12). — Le port de mer à la grosse tour (13). — Le pont de bois (14). — Le départ pour les champs (16). Onze pièces. Anciennes épreuves.

278. Mercure et Argus (R. D. 17). Belle épreuve du 1er état.

GELLÉE (Claude).

279. Le chevrier (R. D. 19). Ancienne épreuve.

280. Berger et bergère conversant (R. D. 21). — L'enlèvement d'Europe (22). Deux pièces. Belles épreuves.

281. Le Campo-Vaccino (R. D. 23). Belle épreuve du 5e état.

282. La danse villageoise (R. D. 24). Ancienne épreuve.

283. Le pâtre et la bergère (R. D. 25). — Les quatre chèvres (R. D. 27). Deux pièces. Anciennes épreuves.

GENOELS (Abraham).

284. Quelques pièces de son œuvre (B. 12, 18, 22, 29, 30, 31, 33, 34, 36, 37, 56, 58, 64, 65 et 66). Quinze pièces. Très-belles épreuves.

GHEYN (J. de).

285. Le grand lion. Très-belle épreuve.

GOLTZIUS (H.).

286. Un porte-enseigne (B. 125). Superbe épreuve.

287. Un capitaine d'infanterie (B. 130). Superbe épreuve.

288. Une femme vue de profil (B. 130). Très-belle épreuve d'une pièce rare.

289. Hercule portant sa massue (B. 142). Très-belle épreuve.

290. Pierre Forestus, docteur en médecine à Leyde (B. 169). Très-belle épreuve.

291. Portrait de Guillaume de Nassau, prince d'Orange (B. 178). Très-belle épreuve.

GOUDT (H. comte de).

292. Cérès cherchant sa fille, d'après Elzheimer. ~~Superbe~~ épreuve.

GRUN (Hans-Baldung).

293. Groupe de cinq chevaux, 1534 (B. 58). Bonne épreuve.

HECKE (Jan van den).

294. Différents animaux. Suite de douze estampes (B. 1-12). Très-belles épreuves.

HONDEKOETER (M.).

295. La basse-cour. Pièce gravée en manière noire. Très-belle épreuve.

HOOGHE (R. de).

296. Sujets d'animaux d'après Berghem. Quatre pièces. Très-belles épreuves.

HOOGSTRAETEN (Samuel van).

297. Portraits de Muys van Holy et de Blyenburg. Deux pièces. Très-belles épreuves.

HOPFER (D.).

298. Maximilien Ier d'Autriche, empereur d'Allemagne (B. 79). Très-belle épreuve.

JONCKHEER (J.).

299. Les trois levriers (B. A. 1, p. 116 n° 1). Très-belle épreuve.

JORDAENS (J.).

300. Descente de croix. — Jupiter enfant. — Mercure et Argus. — Cacus. Quatre pièces gravées à l'eau-forte. Très-belles épreuves. Deux sont avant l'adresse de Bloteling.

KOBELL (H.).

301. Paysages et petites marines. Sept pièces.

LAER (Pierre de).

302. Différents animaux (B. 13, 5, 7, 8). — Le paysage (B. 18). — Le cavalier (B. 20). Huit pièces dont une double. Très-belles épreuves.

303. Différents chevaux. Suite de six estampes (B. 9, 14). Très-belles épreuves.

LA FARGUE (P.-C.).

304. L'ascension de la Vierge. — L'adoration des bergers et l'Annonciation. — La Vierge sur les nues et saint Michel avec le donateur du tableau. Suite de trois estampes d'après A. de Montfoort.

LAIRESSE (Gérard de).

305. L'enfant Jésus expliquant les livres saints à sa mère et à Joseph. — Allégorie sur la gloire du prince Guillaume d'Orange. Deux pièces.

LEYDE (Lucas de).

306. Le péché d'Adam et Eve (B. 9). — Adam et Eve fugitifs, après avoir été chassés du paradis terrestre (B. 11). Caïn tuant Abel (B. 13). — Lamech et Caïn (B. 14). — Joseph et la femme de Putiphar (B. 20). Copie. Cinq pièces. Très-belles épreuves.

307. Le baptême de Jésus-Christ (B. 40). Très-belle épreuve.

308. Sept pièces de la suite des apôtres (B. 89, 90, 91, 92, 93, 94 et 97). — Saint Pierre et saint Paul (B. 106). Huit pièces. Très-belles épreuves.

309. La conversion de saint Paul (B. 107). — Saint Jérôme (B. 112). — Saint Antoine l'ermite (B. 116). — Saint

LEYDE (Lucas de).

Dominique (B. 118). — Saint Gerard Sagredius (B. 119).
— Saint François d'Assise (B. 120). Six pièces.

310. Les sept vertus. Suite de sept estampes (B. 127 à 133).
Anciennes épreuves.

311. Lucrèce (B. 134). — Un enseigne (B. 140). — Les
gueux (B. 143). — La vieille à la grappe de raisin (B.
151). — Le chirurgien (B. 156). Cinq pièces. Anciennes
épreuves.

312. Un panneau d'ornements (B. 164). — Les enfants guer-
riers (B. 165). — Un écusson vide (166). — Un écusson
rempli par un mascaron (167). — Les armes de la ville
de Leide (168). — Deux rinceaux d'ornements (169). —
Deux ronds (170). Sept pièces. Anciennes épreuves.

313. Portrait d'un jeune homme (B. 174). Belle épreuve.
— Plus la copie du portrait de l'empereur Maximilien.
Deux pièces.

LIVENS (Jean).

314. Saint François (B. 6). Superbe épreuve de la grande
planche.

315. Les joueurs et la mort (B. 11). — Buste d'un jeune
homme (B. 16). Deux pièces. Belles épreuves.

LUTMA (J., le fils).

316. Portrait de J. Lutma le père. Très-belle épreuve.

MAES (Pierre).

317. Deux anges présentant une corbeille de fleurs à l'enfant
Jésus. Pièce gravée à l'eau-forte. Très-belle épreuve.

MEER (Jan vander).

318. La brebis debout (B. 2). Très-belle épreuve. Collection du comte de Friès.

MOLENAER (J.).

319. Les débauchés (B. 1). Très-belle épreuve.

MOOR (Charles de).

320. Portrait de Francois Mieris, le vieux. Très-belle épreuve.

MOREELSE (Paul).

321. La mort de Lucrèce. Pièce gravée en camaïeu.

NAIWINCX (H.).

322. Rocher surmonté d'arbustes (B. 11). — Un bois de haute futaie, sur une langue de terre (B. 15). Deux pièces. Belles épreuves.

NOORDT (J. van).

323. Paysage avec des rochers et un temple en ruine, d'après P. Lastman. — Troupeau de moutons, béliers, etc., d'après P. de Laer. Deux pièces. Très-belles épreuves.

OSTADE (A. van).

324. Le fumeur et le buveur (B. 24 a.). Rare épreuve du 1er état, à l'eau-forte pure.

325. Trois figures grotesques (B. 28). Très-belle épreuve du 1er état, à l'eau-forte pure, plus une épreuve avec la bordure. Deux pièces.

326. L'homme et la femme conversant ensemble (B. 37). Superbe épreuve du 1er état à l'eau-forte pure, avant que partie du contour du chapeau, du manteau et de la jambe droite ait été indiqué.

OSTADE (A. VAN).

327. La famille (B. [46). Très-belle épreuve du 1er état, à l'eau-forte pure. Manque de conservation.

328. Le goûter (B. 50). Très-belle épreuve du 3e état.

329. Son œuvre en quarante-quatre pièces. Très-bell épreuves.

OUDRY (J.-B.).

330. Natures mortes. Deux pièces d'une suite de quatre. Très-belles épreuves.

POTTER (PAUL).

331. Différents bœufs et vaches. Suite de huit estampes (B. 1 à 8). Très-belles épreuves avec l'adresse de Clément Jonghe.

332. Le vacher (B. 14). Très-belle épreuve tirée sur papier à la folie.

333. Le berger (B. 15). Très-belle épreuve du 3e état, avec l'adresse de Clément de Jonghe.

334. La vache couchée près de l'arbre. — Le jeune bœuf, B. 7 et 8 des pièces faussement attribuées à Potter. Très-belles épreuves.

REMBRANDT (VAN RHYN).

335. Portrait de Rembrandt faisant la moue (B. 10). Cl. 10. C. B. 214. Deux épreuves, dont une avec marge.

336. Portrait de Rembrandt au bonnet rond et fourré (B. 16). Cl. 16. C. B. 223. Belle épreuve.

REMBRANDT (VAN RHYN).

337. Portrait de Rembrandt avec une écharpe autour du cou (B. 17). Cl. 17. C. B. 229. Superbe épreuve.

338. Portrait de Rembrandt tenant un sabre (B. 18). Cl. 18. C. B. 231. Très-belle épreuve.

339. Portrait de Rembrandt et sa femme (B. 19). Cl. 19. C. B. 203. Deux épreuves.

340. Portrait de Rembrandt au bonnet orné d'une plume (B. 20). Cl. 20. C. B. 233. Belle épreuve.

341. Portrait de Rembrandt dessinant (B. 22). Cl. 22. C. B. 235. Ancienne épreuve.

342. Portrait de Rembrandt en ovale (B. 23). Cl. 23. C. B. 232. Très-belle épreuve.

343. Portrait de Rembrandt au bonnet fourré et habit blanc (B. 24). Cl. 24. C. B. 226. Superbe épreuve.

344. Portrait de Rembrandt aux cheveux courts et frisés (B. 26). Cl. 26. C. B. 216. Belle épreuve.

345. Adam et Eve (B. 28). Cl. 34. C. B. 1. Très-belle épreuve du 1er état, avec un reflet de lumière au haut du dedans de la cuisse d'Eve. Elle a une déchirure vers le haut de la gauche.

346. Abraham qui reçoit les trois anges (B. 29). Cl. 35. C. B. 2. Superbe épreuve sur papier du Japon. Le haut de la droite est refait à la plume et elle est doublée.

347. La même estampe. Très-belle épreuve.

REMBRANDT (van Rhyn).

348. Abraham caressant Isaac (B. 33). Cl. 38. C. B. 4. Très-belle épreuve du 1ᵉʳ état, avant le trait échappé, au-dessus. de l'épaule gauche d'Isaac.

349. La même estampe. Bonne épreuve avec le trait échappé.

350. Abraham avec son fils Isaac (B. 34). Cl. 39. C. B. 5. Bonne épreuve.

351. Le combat de David contre Goliath. — La statue de Nabuchodonosor. — La vision d'Ezéchiel (B. 36). Cl. 40. C. B. 8. Suite de quatre estampes dont nous n'avons que trois. La vision d'Ezéchiel est tirée sur vélin. Très-belles épreuves des 2ᵉ, 3ᵉ et 5ᵉ états.

352. Joseph racontant ses songes à sa famille (B. 37). Cl. 41 C. B. 9. Très-belle épreuve.

353. Jacob pleurant la mort de son fils Joseph (B. 38). Cl. 42. C. B. 10. — Joseph et la femme de Putiphar (B. 39). Cl. 43. C. B. 11. Deux pièces. Belles épreuves.

354. Le triomphe de Mardochée (B. 40). Cl. 44. C. B. 12. — David priant Dieu (B. 41) Cl. 45 C. B. 13. Deux pièces.

355. Tobie le père, aveugle (B. 42), Cl. 46. C. B. 15. Très-belle épreuve.

356. L'annonciation aux bergers (B. 44), Cl. 48. C. B. 17. Très-belle épreuve.

357. L'ange qui disparaît devant la famille de Tobie (B. 43). Cl. 47. C. B. 16. Belle épreuve.

REMBRANDT (van Reyn).

358. La Nativité (B. 45). — La Circoncision (B. 47). Deux pièces. Belles épreuves du 1er état.

359. La Circoncision (B. 48). Cl. 52. C. B. 21. Très-belle épreuve avec une petite marge.

360. Présentation au temple (B. 49). — Présentation au temple avec l'ange (B. 51). — Fuite en Egypte (B. 52). Trois pièces. Bonnes épreuves.

361. Fuite en Egypte, effet de nuit (B. 53). — Fuite en Egypte, passage de l'eau (B. 55). — Repos en Egypte (B. 57). Trois pièces. Belles épreuves.

362. Retour d'Egypte, ou Jésus ramené du temple (B. 60). Cl. 64. C. B. 38. Superbe épreuve, rare.

363. La sainte Famille (B. 62). Cl. 66. C. B. 33. Très-belle épreuve.

564. La sainte Famille (B. 63). — Jésus-Christ disputant avec les docteurs de la loi (B. 65). — Jésus-Christ au milieu des docteurs (B. 64). — Jésus parlant aux docteurs (B. 66). Quatre pièces. Belles épreuves.

365. La petite tombe (B. 67). — Le denier de César (B. 68). Deux pièces. Belles épreuves.

366. Jésus-Christ chassant les vendeurs du temple (B. 69). — La Samaritaine (B. 70). Deux pièces. Belles épreuves.

367. La Samaritaine dite aux ruines (B. 71). — La petite résurrection de Lazare (72). Deux pièces. Belles épreuves

REMBRANDT (van Rhyn).

368. Jésus-Christ guérissant les malades, dite la pièce de cent florins (B. 74). Cl. 78. C. B. 49. Très-belle épreuve du deuxième état de Bartsch, avec une petite marge.

369. La même estampe. Belle épreuve.

370. La même estampe.

371. Jésus-Christ dans le jardin des Oliviers (B. 75). Cl. 79. C. B. 50. Belle épreuve.

372. Ecce homo (B. 77). Cl. 82. C. B. 52. Magnifique épreuve du 3ᵉ état.

373. Les trois croix (B. 78), Cl. 81. C. B. 53. Très-belle épreuve du 3ᵉ état.

374. Jésus-Christ en croix entre les deux larrons (B. 79). Cl. 84. C. B. 54. Superbe épreuve coupée à l'ovale.

375. La grande descente de croix (B. 81). Cl. 83. C. B. 56. Belle épreuve; l'adresse a été grattée.

376. Jésus-Christ en croix (B. 80). — Descente de croix au flambeau (B. 83). Epreuve imprimée en rouge. Deux pièces.

377. Descente de croix (B. 82). Cl. 86. C. B. 57. Très-belle épreuve avec une petite marge.

378. Le transport de Jésus-Christ au tombeau (B. 84). Cl. 88. C. B. 60. Très-belle épreuve.

REMBRANDT (van Rhyn)

379. Les disciples d'Emmaüs (B. 87). Cl. 91. C. B. 63. Très;
belle épreuve avec marge.

380. Les petits disciples d'Emmaüs (B. 88). Cl. 92. C. B. 62.
Très-belle épreuve.

381. Le retour de l'enfant prodigue (B. 91). Cl. 95. C. B. 43.
Belle épreuve.

382. La décollation de saint Jean-Baptiste (B. 92). Cl. 96. C.
B. 40. Rare épreuve du 1er état, les cintres de la voûte
et les piques des soldats sont à peine exprimés.

383. La même estampe. Très-belle épreuve du 2e état.

384. Pierre et Jean à la porte du temple (B. 94). Cl. 97. C.
B. 66. Très-belle épreuve du 3e état.

385. Le martyre de Saint-Etienne (B. 97). Cl. 100. C. B. 68.
Très-belle épreuve.

386. Le baptême de l'eunuque (B. 98). Cl. 101. C. B. 69. Très-
belle épreuve.

387. La mort de la Vierge (B. 99). Cl. 99. C. B. 67. Ancienne
épreuve.

388. Saint Jérôme, pièce cintrée (B. 101). Cl. 104. C. B. 72. —
Saint Jérôme (B. 102). Cl. 105. C. B. 73. Deux pièces.
Très-belles épreuves.

389. Saint Jérôme au tronc d'arbre (B. 103), cl. 106. C. B. 74.
Superbe épreuve avec une petite marge.

390. Saint Jérôme dans le goût d'Albert Durer (B. 104). Cl.
107. C. B. 75. Très-belle épreuve d'une estampe rare.

REMBRANDT (van Ryn).

391. Saint Jérôme (B. 185). Cl. 108. C. B. 76. Deux très-belles épreuves, l'une du 2ᵉ, l'autre du 3ᵉ état.

392. L'heure de la mort (B. 108). Belle épreuve.

393. La fortune contraire (B. 111). Cl. 113. C. B. 81. Deux très-belles épreuves, l'une du 2ᵉ état et l'autre du 3ᵉ avec le texte hollandais au verso.

394. L'étoile des rois (B. 113). Cl. 115. C. B. 85. Superbe épreuve.

395. Trois figures orientales (B. 118). C. B. 7. Belle épreuve.

396. Les musiciens ambulants (B. 117). Cl. 121. C. B. 90. Deux très-belles épreuves, dont une du premier état, avant les tailles additionnelles sur la poitrine du petit enfant qui est tenu par la femme.

397. Le vendeur de mort aux rats (B. 121). Cl. 123. C. B. 95. Très-belle épreuve.

398. La faiseuse de kouks (B. 124). Cl. 126. C. B. 93. Superbe épreuve du 2ᵉ état. Collection Camberlin.

399. La même estampe. Belle épreuve du 3ᵉ état.

400. Le petit orfévre (B. 123). Cl. 125. C. B. 94. Belle épreuve.

401. La coupeuse d'ongles (B. 127). Cl. Supp., page 105, n° 3. Superbe épreuve avec une petite marge.

402. Le maître d'école (B. 128), cl. 129, C. B. 99. Très-belle épreuve.

403. Le dessinateur (B. 130). C. B. 100. Très-belle épreuve.

REMBRANDT (van Rhyn).

404. Paysan avec femme et enfant (B. 131), cl. 132. C. B. 120. Superbe épreuve.

405. Juif à grand bonnet (B. 133), cl. 133. C. B. 101. Très-belle épreuve.

406. Figure polonaise (B. 140), cl. 139. C. B. 107. Très-belle-épreuve avec marge.

407. Le jeu du kolf (B. 125), cl. 127. C. B. 97. Belle épreuve.

408. Paysan et paysanne marchant (B. 144), cl. 143. C. B. 110. Très-belle épreuve.

409. Homme méditant (B. 148), cl. 145, C. B. 112. Belle épreuve.

410. Vieillard sans barbe (B. 150), cl. 147. C. B. 114. Superbe épreuve avec une petite marge.

411. Le Persan (B. 152), cl. 149, C. B. 105. Très-belle épreuve.

412. Le cochon (B. 157), cl. 154. C. B. 350. Très-belle épreuve.

413. Le petit chien endormi (B. 158), cl. 155, C. B. 152. Superbe épreuve d'une estampe rare.

414. Gueux debout (B. 162), cl. 159. C. B. 125. Superbe épreuve.

415. Gueux debout (B. 163), cl. 160. C. B. 126. Superbe épreuve avec une petite marge.

416

REMBRANDT (van Rhyn).

416. Gueux et gueuse (B. 164), cl. 161. C. B. 168. Belle épreuve.

417. Deux mendiants, homme et femme à côté d'une butte (B. 165), cl. 162. C. B. 129. Belle épreuve.

418. La femme à la calebasse (B. 168). cl. 165. C. B. 132. Très-belle épreuve.

419. Paysan déguenillé, les mains derrière le dos (B. 172), cl. 169. C. B. 137. Superbe épreuve avec une petite marge.

420. Gueux assis au bas d'un mur (B. 173), cl. 170. C. B. 135. Superbe épreuve.

421. Gueux assis sur une motte de terre (B. 174), cl. 171. C. B. 136. Très-belle épreuve du premier état, avant le nom du maître écrit en toutes lettres.

422. Mendiants à la porte d'une maison (B. 176), cl. 173. C. B. 146. Deux épreuves.

423. Deux gueux en pendant. Première planche (B. 177), cl. 174. C. B. 140. Très-belle épreuve.

424. Gueux estropié (B. 179), cl. 176. C. B. 142. Très-belle épreuve.

425. L'espiègle (B. 188), cl. 185. C. B. 153. Belle épreuve.

426. Le vieillard endormi (B. 189), cl. 186. C. B. 154. Très-belle épreuve, rare.

427. Le dessinateur d'après le modèle (B. 192), cl. 189. C. B. 157. Très-belle épreuve.

REMBRANDT (van Rhyn).

428. Figures académiques d'hommes (B. 194), cl. 191. C. B. 159. Très-belle épreuve.

429. Les baigneurs (B. 195), cl. 192. C. B. 117. Deux épreuves dont une du premier état.

430. Académie d'un homme assis à terre (B 196), cl. 193. C. B. 160. Belle épreuve.

431. La femme devant le poêle (B. 197), cl. 194. C. B. 161. Très-belle épreuve du sixième état.

432. Femme nue assise sur une butte (B. 198), cl. 195. C. B. 162. Bonne épreuve.

433. Femme nue les pieds dans l'eau (B 200), cl. 197, C. B. 164. Très-belle épreuve.

434. Vénus au bain (B. 201), cl. 198. C. B. 165. Très-belle épreuve.

435. Négresse couchée (B. 205), cl. 202. C. B. 169. Très-belle épreuve.

436. Vue d'Omval, près d'Amsterdam (B. 209), cl. 206. C. B. 312. Superbe épreuve, légèrement endommagée dans le haut de la droite.

437. Vue ancienne d'Amsterdam (B. 210), cl. 207. C. B. 313. Superbe épreuve avec une petite marge.

438. Le paysage aux trois chaumières (B. 217), cl. 214. C. B. 318. Très-belle épreuve du quatrième état; elle a une petite marge légèrement endommagée dans le haut.

REMBRANDT (van Rhyn).

439. Le berger et sa famille (B. 220), cl. 217. C. B. 321. Très-belle épreuve, rare.

440. Le canal (B. 221), cl. 218. C. B. 322. Belle épreuve d'une estampe rare.

441. La grange à foin (B. 224), cl. 222. C. B. 334. Superbe épreuve.

442. La chaumière et la grange à foin (B. 225), cl. 222. C. B. 327. Très-belle épreuve avec marge.

443. La chaumière au grand arbre (B. 226), cl. 223. C. B. 326. Superbe épreuve.

444. La barque à la voile (B. 228), cl. 225. C. B. 329. Superbe épreuve avec une petite marge.

445. Le moulin de Rembrandt (B. 233), cl. 230. C. B. 333. Superbe épreuve.

446. L'abreuvoir de la vache (B. 237), cl. 234. C. B. 337. Superbe épreuve.

447. Vieillard portant la main à son bonnet (B. 259), cl. 256. C. B. 268. Très-belle épreuve du premier état, avant que le sujet ait été terminé par Schmidt.

448. Homme avec chaîne et croix (B. 261), cl. 258. C. B. 257. Belle épreuve du dernier état.

449. Homme à barbe courte et bonnet fourré (B. 263), cl. 260. C. B. 267. Belle épreuve.

REMBRANDT (van Rhyn).

450. Portrait de Jean-Antoine Vanderlinden (B. 264), cl. 261. C. B. 181. Belle épreuve.

451. Vieillard à barbe carrée (B. 265), cl. 262. C. B. 271. Très-belle épreuve.

452. Portrait de Janus Silvius (B. 266), cl. 263. C. B. 186. Très-belle épreuve.

453. Jeune homme assis et réfléchissant (B. 268), cl. 265. C. B. 258. Très-belle épreuve.

454. Portrait de Menassé Ben-Israël (B. 269), cl. 266. C. B. 183. Belle épreuve.

455. Portrait de Faustus (B. 270), cl. 267. C. B. 84. Superbe épreuve avant les tailles verticales sur l'épaule droite du personnage, avant les troisièmes tailles sur le livre à fermoirs, placé à droite, à la hauteur du bas de la fenêtre, etc. Elle a une petite marge.

456. Portrait de Renier Ansloo (B. 271), cl. 268. C. B. 170. Très-belle épreuve.

457. Portrait de Clément de Jonghe (B. 272), cl. 269. C. B. 180. Deux épreuves, l'une du cinquième état, et l'autre du sixième.

458. Portrait d'Abraham France (B. 273), cl. 270. C. B. 176. Bonne épreuve.

459. Portrait de Jean Lutma (B. 276), cl. 273. C. B. 182. Ancienne épreuve.

460. Portrait de Jean Asselin, surnommé Crabbetje (B. 277), cl. 274. C. B. 171. Très-belle épreuve.

REMBRANDT (VAN RHYN).

461. La même estampe. Bonne épreuve.

462. Portrait de Utenbogardus (B. 279), cl. 276. C. B. 190.
Ancienne épreuve.

463. Portrait de Jean Silvius (B. 280), cl. 277. C. B. 187.
Bonne épreuve.

464. Portrait de Utenbogaerd, connu sous le nom du Peseur
d'or (B. 281), cl. 278. C. B. 190. Belle épreuve sur papier de Chine.

465. Le petit Coppenol (B. 282), cl. 279. C. B. 174. Belle
épreuve du cinquième état.

466. Le grand Coppenol (B. 283), cl. 280. C. B. 175. Belle
épreuve de la planche coupée.

467. Homme en cheveux (B. 289), cl. 286. C. B. 255. Très-
belle épreuve.

468. Vieillard à grande barbe (B. 290), cl. 287. C. B. 286.
Belle épreuve.

469. Tête d'homme chauve (B. 294), cl. 291. C. B. 274. Très-
belle épreuve.

470. Vieillard à grande barbe et calotte (B. 295). Belle
épreuve.

471. Vieillard à barbe courte (B. 300), cl. 296. C. B. 291.
Belle épreuve avec une petite marge.

472. Tête d'homme de face (B. 304), cl. 300. C. B. 265. Belle
épreuve avec marge.

4

REMBRANDT (VAN RUYN).

473. Homme à bouche de travers (B. 305), cl. 301. C. B. 259.
Belle épreuve.

474. Homme avec bonnet (B. 307), cl. 303. C. B. 264. Très-
belle épreuve.

475. Homme faisant la moue (B. 308), cl. 304. C. B. 263.
Très-belle épreuve du premier état. Rare.

476. Jeune homme à mi-corps (B. 310), cl. 306. C. B 177.
Très-belle épreuve; le fond est encore sale.

477. Homme avec chapeau à grands bords (B. 311), Cl. 307.
C. B. 260. Très-belle épreuve.

478. Vieillard à grande barbe (B. 312), cl. 308. C. B. 278.
Très-belle épreuve.

479. Vieillard à barbe pointue (B. 315), cl. 311. C. B. 284.
Bonne épreuve.

480. Portrait de Rembrandt vu de face et riant (B. 316),
cl. 29. C. B. 218. Très-belle épreuve. Rare.

481. Homme à moustaches relevées et assis (B. 321), cl. 314.
C. B. 266. Belle épreuve.

482. Vieillard à tête chauve (B. 324), cl. 317. C. B. 276.
Bonne épreuve.

483. Vieillard à barbe carrée font large (B. 325), cl. 318.
C. B. 281. Très-belle épreuve.

484. Tête grotesque (B. 326), cl. 319. C. B. 301. Belle
épreuve.

REMBRANDT (van Rhyn).

485. Vieille femme assise (B. 344), cl. 334. C. B. 197. Très-
belle épreuve.

486. La liseuse (B. 345), cl. 335. C. B. 242. Belle épreuve
avec une petite marge.

487. Vieille femme coiffée à l'orientale (B. 348), cl. 338.
C. B. 198. Deux épreuves.

488. Buste de la mère de Rembrandt (B. 349), cl. 339. C. B.
195. Belle épreuve.

489. Tête de la mère de Rembrandt, vue de face (B. 352),
cl. 342. C. B. 192. Belle épreuve.

490. La Mauresse blanche (C. 357), cl. 347. C. B. 241. Très-
belle épreuve.

491. Tête de femme (B. 358), cl. 348. C. B. 243. Belle
épreuve.

492. Griffonnements où se voit la tête de Rembrandt (B. 363),
cl. 353. C. B. 237. Belle épreuve.

493. Feuille avec six têtes, au milieu desquelles est le portrait
de la femme de Rembrandt (B. 365), cl. 355. C. B. 249.
Très-belle épreuve.

494. Trois têtes de femmes dont une qui dort (B. 368), cl. 358.
C. B. 251. Très-belle épreuve.

495. Griffonnements gravés sur différents sens dans la
planche B. 269. Cl. 359. C. B. 122. Superbe épreuve.
Rare.

496. Buste d'un vieillard (B. 31), cl. 37. Des pièces douteuses.
Belle épreuve.

ROOS (J.-H.).

497. Différents animaux. Suite de treize estampes dont nous n'avons que neuf (B. 17, 20, 22, 23, 25, 26, 27, 29, 30). Très-belles épreuves.

RUBENS (P.-P.).

498. Saint François recevant les stigmates. — La vieille à la chandelle. Deux pièces. Très-belles épreuves.

499. La vieille à la chandelle. Très-belle épreuve.

RUYSDAEL (J.).

500. Le petit pont (B. 1). Très-belle et ancienne épreuve.

501. La même estampe. Belle épreuve.

502. Les deux paysans et leur chien (B. 2). — La chaumière au sommet de la colline (B. 3). Deux pièces. Belles épreuves.

503. La chaumière au sommet de la colline (B. 3). Très-belle et ancienne épreuve.

SAFTLEVEN (H.).

504. Les éléphants (B. 33). Belle épreuve.

SCHUT (C.).

505. L'astrologie. Pièce gravée à l'eau-forte.

SMITH (J.).

506. Portrait de Wycherley, d'après P. Lély. Pièce gravée à la manière noire. Superbe épreuve.

SWANWELT (H.).

507. Différents animaux (B. 26-32). Suite de sept estampes. — La porte de ville (B. 92). Huit pièces. Très-belles épreuves.

STOOP (THIERRY).

508. Différents chevaux. Suite de douze estampes (B. 1-12). Très-belles épreuves avant les numéros et avec l'adresse de Clément de Jonghe sur le premier morceau.

TENIERS (DAVID).

509. Les fumeurs et joueurs de cartes (Rigal, 20). Très-belle épreuve du deuxième état.

510. Paysan debout (Rigal, 26). Très-belle épreuve.

511. Paysans tirant au blanc (Rigal, 37). Très-belle épreuve du premier état.

512. Les joueurs de boules (Rigal, 38). Très-belle épreuve du deuxième état.

513. La danse flamande au son de la musette (Rigal, 39). Epreuve du premier état. — Le repos devant la porte (Rigal, 40). Deux pièces. Très-belles épreuves.

UDEN (LUCAS VAN) et AUTRES.

514. Paysages B. 17 et 59. Sujets divers par Schut, Peters, Schalcken et Norblin. Treize pièces.

ULIET (J.-G. VAN).

515. Loth et ses filles, d'après Rembrandt (B. 1). Superbe épreuve.

516. Isaac et Ésaü, d'après J. Livens (B. 2). Superbe épreuve.

517. La Passion de Jésus-Christ. Suite de six estampes (B. 5-10). Très-belles épreuves.

518. Saint Jérôme (B. 14). Très-belle épreuve retouchée par le maître, sur le tronc de l'arbre derrière le saint.

ULIET (J.-G. VAN).

519. Buste d'officier (B. 26). Deux épreuves dont une avant le nom du maître. Elles ont de la marge.

520. Les arts et métiers, en une suite de dix-huit estampes. (B. 32-49). Très-belles épreuves.

521. Différents gueux ou mendiants (B. 74, 75, 77, 80 et 82). Cinq pièces. Très-belles épreuves avant les numéros.

VELDE (ESAYAS VANDEN).

522. Paysages. Suite de six pièces gravées à l'eau-forte.

VELDE (ADRIEN VAN DE).

523. Différents animaux (B. 1-10). Suite de dix estampes dont nous n'avons que sept. Belles épreuves.

524. Différents animaux (B. 11-16). Suite de six estampes dont nous n'avons que cinq.

VERBEECQ (P.).

525. Buste d'homme 1639 (B. 85). — Buste de jeune femme 1639 (B. 84). — Un berger assis (B. 83). Trois pièces. Très-belles épreuves.

VERBOOM (ABRAHAM).

526. Le hameau. — La pièce d'eau (B. 1 et 2). Deux pièces. Très-belles épreuves des seules eaux-fortes du maître.

VISSCHER (J. DE).

527. Intérieur rustique, d'après Ostade. Très-belle épreuve.

VLIEGER (SIMON DE).

528. Le transport du blé (B. 5). — La montagne verte (B. 7). Deux pièces. Belles épreuves.

VLIEGER.

529. Les pêcheurs (B. 10). Superbe épreuve avec une petite marge. Collection Verstolk.

VOET (Alexandre, le jeune).

530. Le fou, d'après Jordaens, superbe épreuve avant l'adresse de Hollandus. Elle porte au verso la signature de P. Mariette.

WATERLOO (Ant.).

531. Paysages tirés de différentes suites et décrits sous les n°s 1 à 98 de Bartsch. 52 pièces. Très-belles épreuves. Quelques-unes sont imprimées sur papier à la folie.

532. La ferme au bord de l'eau (B. 116). — Le cavalier près de la Haye (B. 117). — Le berger endormi sur le monticule (B. 118). Trois pièces. Bonnes épreuves.

533. Paysages en hauteur. Suite de six estampes dont nous n'avons que cinq. B. 119 à 124. Anciennes épreuves.

534. Paysages ornés de sujets mythologiques (B. 125 à 130). Suite de six estampes. Anciennes épreuves.

535. Paysages ornés de sujets de l'Ancien Testament. Suite de six estampes (B. 130 à 136). Anciennes épreuves.

536. Ruisseau coulant au milieu d'une forêt. Pièce douteuse.

WIERIX (J.).

537. La Vierge au singe et la Mélancolie. Deux pièces, d'après Durer. Très-belles épreuves.

WYCK (Thomas).

538. La fileuse au fuseau (B. 1). — Les joueurs (2). — La

couseuse (3). — L'homme ajustant sa chaussure (4). — La colonnade (8). — Le puits (10). — Le mendiant qui danse (11). — Les cuisinières près du puits (13). — La femme portant deux paniers (14). — Le marchand oriental (15). — La femme près de l'homme qui se repose (21). Douze pièces. Très-belles épreuves.

WYNGAERDE (F. van).

539. Des soldats faisant tapage. — Bacchanale. Deux pièces, d'après Rubens. Belles épreuves.

ZAAL (J.).

540. La chasse au sanglier, d'après Snyders. Très-belle épreuve.

ZEEMAN (Reinier).

541. Recueil de plusieurs navires et paysages (B. 6-18). Suite de treize estampes dont nous n'avons que dix. Belles épreuves.

542. Marines. Première partie (B. 23-30). Suite de huit estampes. Belles épreuves.

543. Marines. Seconde partie (B. 31-38). Suite de huit estampes dont nous n'avons que trois, plus les nos 45 et 46 de Bartsch. Belles épreuves.

544. Différents vaisseaux d'Amsterdam. Dix pièces tirées des trois suites, décrites sous les nos 63 à 98 de Bartsch.

545. Marines (B. 113 et 117). Deux pièces. Belles épreuves.

546. Les portes de ville d'Amsterdam (B. 119 à 126). Suite de huit estampes. Très-belles épreuves. Rares.

547. Sujets divers, d'après Rubens, Jordaens et autres. Onze pièces.

ESTAMPES MODERNES

ALBERT (le prince), **duc de Saxe-Cobourg-Gotha.**

548. Un noble recevant la Toison-d'Or de son souverain.
Eau-forte gravée en 1840. Epreuve sur chine.

BECKER, BERG et **BLOMMERS.**

549. L'enfant malade. — Deux chèvres couchées, premier et
deuxième états. — Portrait d'homme. Trois états différents. Six pièces.

BLES (David-Joseph).

550. Le pauvre poëte. — Le berceau, pièce gravée sur pierre.
Epreuve avant le berceau. — Griffonnements. Deux
épreuves, dont une du premier état. — Le Piano. —
Intérieur d'église, par Bosboom. Sept pièces.

BLOCK (E.-F. de).

551. L'enfant malade. — Doodstryd van Lange Margriet. —
Le cordonnier. — Paysage avec des moulins. — Rheta.
— La famille. Douze pièces dont quelques-unes doubles,
avec différences d'états.

BORSELEN (J.-W. van).

552. Un paysage. — Une pièce d'eau. Huit épreuves de ces
deux pièces, en quatre états différents.

BOVIE et **BRACKELEER** (Ferdinand et Henry).

553. Vues sur la Meuse. — Adrien Brouwer dans l'atelier de
Craesbeek. — Les jeunes bûcherons. — L'école de
village. — Le peintre.—Le peintre d'après le modèle.
—Intérieur. Dix pièces, dont deux doubles à l'état d'eau-
forte pure.

BRASCASSAT (J.-R.).

554. Moutons surpris par un loup. Très-belle épreuve sur chine, du premier état. Elle est signée du maître, avec dédicace à M. Monsau.

BUSELMAN (G. et E.) et BRUSSEL.

555. Les assassins. — Chevalier devant un tombeau. — Feuille d'étude, gravée sur pierre. — Le couple ivre. — Paysages. Sept pièces dont deux doubles en états différents.

CHALON (Christina).

556. Le père. — Intérieur, d'après Ostade. — La liseuse. — Famille devant une chaumière. — Intérieur d'auberge, par Carolus. Six pièces, dont une double à l'eau-forte pure.

CLAYS (P.-J.).

557. Eau calme. Très-belle épreuve de la seule eau-forte de cet artiste.

COCLERS (Louis-Bernard).

558. Portrait d'Ostade. — Portraits de la famille Coclers. — Le carnaval. — La confidence, etc. — Femme tenant une chaufferette, gravé par Maria Lambertine Coclers. Six pièces.

O'CONNELL (Mme Frédérique).

559. Portrait d'homme. Deux épreuves, dont une sur papier de Chine.

560. Une Madeleine. Deux épreuves dont une sur chine, du premier état, avant le nom de l'artiste et l'adresse de l'imprimeur.

561. La charité. — Une Romaine. Deux pièces. Très-belles épreuves sur chine.

COOL (Th.-S.).

562. Tête d'étude. — Portrait de Faco Scheltema, artiste peintre. — Le carnaval, par Crabeels. Sept épreuves de ces trois pièces en états différents.

CRAEYVANGER (Reinier).

563. L'armurier. — La visite au grenier. — Le siége d'une ville. Sept épreuves. Les deux dernières en trois états différents.

DASVELDT (J.).

564. Différents animaux. Trente-deux pièces en différents états.

DETAILLE.

565. Essai d'eau-forte, par M. Detaille, tiré à trente épreuves. Superbe épreuve sur papier du Japon.

DILLENS (A.-A.).

566. Jeanne d'Arc. — Devant le juge. — Le Turc avec son amante. — Moine au bord d'un vaisseau, etc. Neuf pièces dont quelques-unes doubles en différents états.

DILLIS (J.-G. von).

567. Paysages. Deux pièces.

DIRKSEN (Dirk).

568. Tête de bœuf. — Tête de bœuf buvant. — Tête d'une chèvre. Trois pièces.

DONA (Ant.-A.).

569. Paysage avec du bétail. — La vache près du pont. Deux épreuves de cette dernière, dont une à l'eau-forte pure.

DUBOURCQ (Pierre-Louis).

570. Figures et paysages. Sept pièces.

Don FERDINAND, prince de Saxe-Cobourg-Gotha, roi régent de Portugal.

571. Le trompette, d'après Foussereau. Très-rare épreuve avec dédicace autographe à sa tante Marie.

FORTUNY.

572. Arabe veillant le corps de son ami. — Kabyle mort. — La Victoire. —Idylle.—Garde de la Casbah à Tétuan. — Tireuse de cartes. — Arabe assis. — Mendiant. — Famille marocaine. Suite de neuf pièces gravées à l'eau-forte. Sera divisé.

573. Tireuse de cartes. Très-belle épreuve avant l'adresse de Goupil et le n° 6 sur chine.

574. Arabe assis. Épreuve du même état que la précédente, avant le n° 7.

575. Mendiant. Épreuve du même état, avant le n° 8.

FREY (J. de).

576. Portrait de M. H. Tromp, d'après Lievens. — Portrait d'un homme coiffé d'un chapeau à plumes. Épreuve avant la lettre. Deux pièces.

GALLAIT (Louis).

577. L'archet brisé. — Le Tasse en prison. — Bonheur maternel. Trois pièces. La dernière est signée du graveur.

GRIENT (Cozoon, Cornelis van der).

578. Portraits, paysages et sujets divers, neuf pièces.

GROUX (Ch.-C.-Aug.).

579. Faim. — As-tu faim? dit-elle. — Le joueur de clari-
nette, etc. — Paysages et sujets divers, par Hamman et
autres. Vingt-neuf pièces.

JACQUE (Ch.).

580. La bergerie. Superbe épreuve avec une grande marge.
Elle est signée du graveur.

581. Moutons. — L'abreuvoir. — Femme nue. — Cochons. —
Moulin. — Paysages. Treize pièces.

JACQUELART (L.).

582. Paysages. Quatre pièces.

KOBELL (Jan).

583. Cheval, bœuf et vaches. Quatre pièces.

KRUSEMAN et KUHNEN.

584. Portrait de Kruseman, avant et avec la lettre. —Griffonnements. — Paysages, vieille femme lisant et paysan
allumant sa pipe, par Krausz. Huit pièces.

LAMORINIÈRE (F.), KUYTENBROUWER et LANOUE.

585. Paysages. Quatorze pièces.

LÉON, LANGENDYK et AUTRES.

586. Paysages et sujets divers. Cinq pièces.

LIES (Joseph).

587. Groupe de cinq soldats. — Holbein chez Erasme. Deux
pièces. Épreuves sur chine.

LEYS (H.).

588. Condamné marchant au supplice. Très-belle épreuve.

589. Escalier de la maison hydraulique à Anvers. Très-belle épreuve.

590. Intérieur. Très-belle épreuve.

591. Intérieur de Luther, à Wittenberg. Très-belle épreuve.

592. Attaque d'un château. Lithographie, par H. Leys. Très-rare.

LINNIG (W.).

593. Un buveur. — Les deux cavaliers payant leur écot. — Jeune fille portant une cruche. — Cavalier debout. — Vieillard s'appuyant sur un bâton. — Femme près d'un banc. Dix pièces en différents états.

LION, MARIS, MEYER et AUTRES.

594. L'amour filial. — Mer orageuse. — Vue de ville, etc. Sept pièces.

MEISSONNIER (J.-L.-E.).

595. Le fumeur. — Le rapport. — Une étude du fumeur et différents croquis, gravés sur une même planche, qui après un tirage de quelques épreuves a été coupée pour former deux planches séparées. Superbe et rare épreuve du premier état, avant que l'étude de femme assise, en bas vers la gauche, ait été effacée. Elle porte le monogramme du maître.

596. Un Polichinelle debout. Très-belle épreuve.

NOTER (A. H. et David de).

597. Nature morte, paysages et animaux. Neuf pièces.

OS (Pieter Gerardus van).

598. Son œuvre en vingt-huit eaux-fortes, dont quatre doubles, d'après différents maîtres et de sa composition. Très-belles épreuves.

PLONSKY (M.).

599. Juif d'Amsterdam. — Jeune marchand d'oiseaux. — Le Polonais. — Étude de trois têtes. — Buste de vieille, etc. Paysages et sujets, par différents artistes, dix-sept pièces.

RAJON.

600. Un hache-paille égyptien. — Un duel après le bal. — Jeune Égyptien avec deux chiens. — Corps de garde d'arnautes au Caire. Quatre pièces gravées à l'eau-forte, d'après Gérôme. Épreuves sur chine.

ROBBE, ROCHUSSEN et AUTRES

601. Paysages avec figures et animaux. Neuf pièces.

RŒLOSS et SCHAEFELS.

602. Paysages, scènes populaires, etc. Seize pièces.

ROYBET (F.).

603. Le joueur d'échecs. Très-belle épreuve.

604. Sous ce numéro, il sera vendu environ deux cents eaux-fortes par Van Stry, Schaumburg, Stolbaerts, Stocquart, Stevens Verboeckhoven, Verlin, Weissenbruck et autres artistes hollandais.

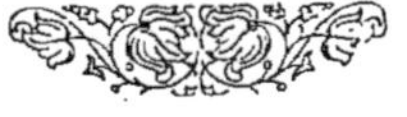